문학과지성 시인선 318

레바논 감정

최정례 시집

문학과지성사

문학과지성사에서 펴낸 최정례의 시집

캥거루는 캥거루고 나는 나인데(2011)

문학과지성 시인선 318
레바논 감정

초판 1쇄 발행 2006년 5월 4일
초판 6쇄 발행 2021년 1월 25일

지은이 최정례
펴낸이 이광호
펴낸곳 ㈜문학과지성사

등록번호 제1993-000098호
주　　소 04034 서울 마포구 잔다리로7길 18(서교동 377-20)
전　　화 02)338-7224
팩　　스 02)323-4180(편집) 02)338-7221(영업)
전자우편 moonji@moonji.com
홈페이지 www.moonji.com

ⓒ ㈜문학과지성사, 2006. Printed in Seoul, Korea

ISBN 89-320-1698-4 03810

이 책의 판권은 지은이와 ㈜문학과지성사에 있습니다.
양측의 서면 동의 없는 무단 전재 및 복제를 금합니다.

문학과지성 시인선 318
레바논 감정

최정례

2006

시인의 말

가로 쳐진 철조망 사이로 냇물이 흘러간다.
지푸라기, 나뭇잎, 허섭스레기 철조망에 걸쳐놓고
내 말도 그렇게 흘러갈 수 있을까.
그렇게 흘러서 벌판을 건널 수 있을까.

한 시인이 말했다.
시는 그리움의 소멸이라고, 비정하라고.
내 그리움이 소멸하는 순간들,
이파리 주민등록증 내밀어
여기 붙잡아 둔다. 네번째 시집이다.

레바논 감정

차례

시인의 말

제1부 냇물에 철조망

냇물에 철조망　9
껌벅이다가　10
칼과 칸나꽃　12
찔레 가시덤불　14
웅덩이 호텔 캘리포니아　16
비스듬히　18
헤이, 나팔꽃　20
레바논 감정　22
경국지색　26
길에 누운 화살표　28
오리발과 물안경　30
잠깐 반짝였는데　32
눈발 휙휙　34

제2부 뿌리칠 수 없는 사기꾼의 蜜語들아

수족관 식당에서의 식사　37
햇살 스튜디오　40

발자국　42
달려가는 꽃나무　44
뾰족구두 생각　46
게들은 구멍 속에 한쪽 다리를 걸치고　48
파뿌리같이　50
南天의 눈　52
슬픔의 자루　54
토끼　56
잠 속의 뽕나무 그늘　58
11월　60
도깨비방망이 열두 개　62
솟대　64

제3부 스타킹을 신는 동안
스타킹을 신는 동안　69
그녀의 입술은 따스하고 당신의 것은 차거든　70
아라베스크　73
사라진 강　74
털 많은 손이 불쑥　76
그늘　78
태양의 잎사귀들　80
봄밤에 늑대 이빨　82
참이슬 삼만 병　84
폭탄에 숨다　86
첩첩의 꽃　88

화물 기차　90
자기 시집 읽는 밤　92
겨울딸기　94

제4부 낙화암은 옆구리에 삼천궁녀를 거느리고

초승달, 밤배, 가족사진　99
하산　102
검은 구두　104
나무가 있던 자리　106
성냥 공장 아가씨　108
이불 차버리는 소리　111
봄날이 간다　112
내부순환도로　114
뻐꾸기들 같다　116
겨울 유리창　118
온몸을 잊으려고　120
개구리 메뚜기 말똥구리야　122

해설 | 시간의 주름과 존재의 착색 · 최현식　124

제1부
냇물에 철조망

냇물에 철조망

우리 모두는 사랑하는 이를 향하여 흐르는 강물이다

어제는 그렇다고 생각했는데
오늘은 아닌 것 같다

조금 바람이 불었는데
한 가지에 나뭇잎, 잎이
서로 다른 곳을 보며 다른 춤을 추고 있다

저 너머 하늘에
 재난 속에서 허덕이다가 조용히 정신을 차린 것 같은 모습으로
 구름도 흘러가고 있다

 공중에서 무슨 형이상학적 추수를 하는 것 같다

껌벅이다가

느닷없이 너 마주친다 해도
그게 무엇인지 알아채지 못할 것 같다
물건을 고르고
지갑 열고 계산을 치르고
잊은 게 없나 주머니 뒤적거리다
그곳을 떠나듯

가끔
손댈 수 없이
욱신거리면 진통제를 먹고
베개에 얼굴을 박고
잠들려고
잠들려고 그러다가

젖은 천장의 얼룩이 벽을 타고 번져와
무릎 삐걱거리고 기침 쿨럭이다가
왜 그럴까 왜 그럴까
도대체 왜 그래야 할까

헛손질만 하다가 말듯이

대접만 한 모란이 소리 없이 피어나
순한 짐승의 눈처럼 꽃술 몇 번 껌벅이다가
떨어져 누운 날
언젠가도 꼭 이날 같았다는 생각
한다 해도
그게 언제인지 무엇인지 모르겠고

길모퉁이 무너지며 너
맞닥뜨린다 해도
쏟아뜨린 것 주워 담을 수 없어
도저히 돌이킬 수 없어
매일이 그렇듯이 그날도
껌벅거리다
주머니 뒤적거리다
그냥 자리를 떠났듯이

칼과 칸나꽃

너는 칼자루를 쥐었고
그래 나는 재빨리 목을 들이민다
칼자루를 쥔 것은 내가 아닌 너이므로
휘두르는 칼날을 바라봐야 하는 것은
네가 아닌 나이므로

너와 나 이야기의 끝장에 마침
막 지고 있는 칸나꽃이 있다

칸나꽃이 칸나꽃임을 이기기 위해
칸나꽃으로 지고 있다

문을 걸어 잠그고
슬퍼하자 실컷
첫날은 슬프고
둘째 날도 슬프고
셋째 날 또한 슬플 테지만
슬픔의 첫째 날이 슬픔의 둘째 날에게 가 무너지고

슬픔의 둘째 날이 슬픔의 셋째 날에게 가 무너지고
슬픔의 셋째 날이 다시 쓰러지는 걸
슬픔의 넷째 날이 되어 바라보자

상갓집의 국숫발은 불어터지고
화투장의 사슴은 뛴다
울던 사람은 통곡을 멈추고
국숫발을 빤다

오래가지 못하는 슬픔을 위하여
끝까지 쓰러지자
슬픔이 칸나꽃에게로 가
무너지는 걸 바라보자

찔레 가시덤불

　당신은 찔레 가시 속에 있었지요 찔레 덤불 앞에서 이쪽으로 눈길을 주고 있는 것처럼 보였지요 찔레 덤불과 나 사이엔 조붓한 길이 굽어 산을 오르고 등 뒤로는 산골짝 물이 요란하게 뒤집히며 흘러가고 나는 당신을 똑바로 못 보고 비스듬히 찔레 덤불만 보는 척하고 아니 나는 당신을 한 번도 본 적이 없고 당신은 아무것도 모르고 모른 척하고 내가 당신의 가시에 오래 찔리고 있었다는 걸 전해야 하나 어쩌나 그러다가 다 흘러갔지요 그러다가 당신의 눈 당신의 귀 당신의 이마 온통 찔레 가시덤불인 채로 두고

　어느 날 보니 나는 멀리도 흘러왔겠지요 말똥구리 소똥구리 말똥을 굴리며 엎어지며 고꾸라지며 들판을 건너가고 불 켠 차들이 요란하게 흘러가는 거리를 지나가고 있겠지요 가뿐 숨을 내쉬다 검은 눈을 껌뻑거리다 이내 눈을 감겠지요 달리는 구급차 속에서 어딘가로 가기는 가는데 큰 강에 이르기도 전에 세상에 찔레 덤불 기억조차 없고 이따금 자잘한 꽃잎 떠내려오

지만 아무것도 모르겠고 따끔따끔한 이것 무슨 일인지
알 수가 없고

웅덩이 호텔 캘리포니아

호텔 캘리포니아
한동안 그 노래에 갇혀 흥얼거렸지
콜리타꽃 향기, 희미한 불빛, 내 머리를 만져주듯
한 여자 문앞에 서 있었고
그 순간 멀리서 종소리도 울려왔고

어찌어찌 여기까지 왔는가
대전 역쯤의 플랫폼인 줄 알았는가
호텔 캘리포니아인 줄 알았는가
장마 뒤 길바닥 고인 물에 올챙이

햇빛을 총알처럼 되쏘는 그 속을
미친 듯 휘젓고 다니다가
"배추요, 무요, 양파요"
행상의 바퀴가 고인 물 튀기며 지나갈 때
잠시 혼절한 그때

찬란한 웅덩이, 잠깐의 호텔 캘리포니아

구름 뒤에 천둥소리 아득하게 떨어지고
어떤 춤은 기억되고 어떤 춤은 잊혀지는
웅덩이 호텔 캘리포니아에서

누군가 떨구고 간 너
혼자서 듣고 있지
"어서 오세요. 당신은 이곳의 포로
언제든 떠날 수 있다지만 결코 떠나지 못할걸요"

한낮의 허공으로 솟구치는
"배추요, 무우요, 양파요오"
그 소리 잊지 못할걸요
햇빛에 웅덩이 날아가 버리도록

비스듬히

복숭아나무 똑바로 서 있는 거 못 봤다
꼭 비스듬히 서 있다
길가에서 길 안쪽으로 쓰러지는 척
구릉 아래쪽으로 기울어
몸 가누지 못하는 척

허공에 진분홍 풀어
지나가는 사람 걸어 넘어뜨리려고

안 속는다, 안 속아

몸은 이쪽에 머리는 저쪽에 풀어두고
왜 서 있나
비틀비틀 무슨 생각하며 걸어왔나

도화
길 밖으로 꽃잎 다 흘리고

안 속는다, 안 속아

헤이, 나팔꽃

왜 그때 느닷없이 다가와 나발을 불었니
왜 꽃에 나팔이 붙어 이름이 되었니

덩굴손 끝에
전해 전해 건너와서는
누구의 말을 전하려는 거니

아무렇게나 쌓아 올린 돌무데기, 몸
무너지거나 말거나 생각의 덩굴손은
수백 번 기어가다 돌아왔었지

올 여름엔 나팔꽃을 심으려구
베란다에 화분을 놓고
나팔꽃만 심으려구

생각의 흡혈귀
원망의 덩굴손
감고 휘돌아

갈 때까지 가보라구

받침대를 세우고 줄을 엮어
화분 밑에 박힌 돌멩이 딛고
기어올라 보라구
조삼모사 뿌려주는 거 이슬인 줄 알고
다 받아 마시라구

헤이, 나팔꽃
아침마다 일어나 나발을 불라구
무작정 기어오르게 내버려 둘 테니
그 일만 하라구

레바논 감정

수박은 가게에 쌓여서도 익지요
익다 못해 늙지요
검은 줄무늬에 갇혀
수박은
속은 타서 붉고 씨는 검고
말은 안 하지요 결국 못하지요
그걸
레바논 감정이라 할까 봐요

나귀가 수박을 싣고 갔어요
방울을 절렁이며 타클라마칸 사막 오아시스
백양나무 가로수 사이로 거긴 아직도
나귀가 교통수단이지요
시장엔 은반지 금반지 세공사들이
무언가 되고 싶어 엎드려 있지요

될 수 없는 무엇이 되고 싶어
그들은 거기서 나는 여기서 죽지요

그들은 거기서 살았고 나는 여기서 살았지요
살았던가요, 나? 사막에서?
레바논에서?

폭탄 구멍 뚫린 집들을 배경으로
베일 쓴 여자들이 지나가지요
퀭한 눈을 번득이며 오락가락 갈매기처럼
그게 바로 나였는지도 모르지요

내가 쓴 편지가 갈가리 찢겨져
답장 대신 돌아왔을 때
꿈이 현실 같아서
그때는 현실이 아니라고 우겼는데
그것도 레바논 감정이라 할까요?

세상의 모든 애인은 옛애인이 되지요*
 옛애인은 다 금의환향하고 옛애인은 번쩍이는 차를 타고

옛애인은 레바논으로 가 왕이 되지요
레바논으로 가 외국어로 떠들고 또 결혼을 하지요

옛애인은 아빠가 되고 옛애인은 씨익 웃지요
검은 입술에 하얀 이빨
옛애인들은 왜 죽지 않는 걸까요
죽어도 왜 흐르지 않는 걸까요

사막 건너에서 바람처럼 불어오지요
잊을 만하면 바람은 구름을 불러 띄우지요
구름은 뜨고 구름은 흐르고 구름은 붉게 울지요
얼굴을 감싸쥐고 징징거리다
눈을 흘기고 결국

오늘은 종일 비가 왔어요
그걸 레바논 감정이라 할까 봐요
그걸 레바논 구름이라 할까 봐요
떴다 내리는

그걸 레바논이라 합시다 그럽시다

* 박정대의 시 「이 세상의 애인은 모두가 옛 애인이지요」 중에서

경국지색

휘늘어졌구나, 흥
靑牛를 비껴 타고 綠水를 홀로 건너
천태산 깊은 골에 불로초를 캐러 가듯
새순 돋는 버드나무가
흥,
초록빛 혀를 내뿜으며

푸른 비 푸른 소
허공의 강을 건네주고

청산도 절로 녹수도 절로
산절로 수절로 산수 간에 저절로
휘늘어져서

한시절 경국지색이
가는 허리 긴 치마 늘어뜨리고
전국을 휩쓰는 대하드라마의
마마, 불로초를 드시옵소서처럼

결국 기울어뜨리려고

쓸데없이
누구 또 넘어뜨리려고
흥, 봄이 와서

천태산 깊은 골에 불로초를 캐러 가듯

길에 누운 화살표

네 비행기 날아가고

지금쯤 구름 속에 있겠다
바다 위에 떴겠다
드디어 땅바닥에 닿았겠다

그러나 생각 않기로 한다
대신 네 호흡인 구름에게

푸른 사과와 붉은 사과가 있다고 전한다
좌판에 푸른 사과와 붉은 사과가
서로의 볼을 맞대고 있다고

내 앞에 트럭이 지나간다고
굵은 대파가 책처럼 높다랗게 쌓였고 밧줄에 묶였고
뿌리는 뿌리끼리 푸른 잎은 잎끼리
서로가 서로를 꽉 채우고 빈틈 하나 없이 저렇게
묶여 실려간다고

허공 속의 공책에
사과를 사과나무를
다 마셔버리고 싶다고 쓴다

사과나무 한 채를 다 마시고
지금쯤은 구름 속인지 바다 위인지 땅바닥인지

길바닥에 누운 화살표에게 묻는다

좌로 꺾인 하얀 화살표 따라간다고 쓴다
희망은 난폭해서
날마다 쫓기며 가보게 한다고

오리발과 물안경

 그해 여름 남해도 미조리 바닷가에 놀러 갔을 때, 바다 짐승의 눈처럼 유리판 번쩍이는 물안경 쓰고 공기 대롱 입에 물고 참았던 숨 푹 내뿜을 수 있었다. 그때 바다 속 거꾸로 잠수해 조개 다섯 마리 주웠다. 그러곤 그만이었다. 느닷없이 해파리 떼가 몰려왔고 도망칠 수 없었고 해파리에 쏘여 온몸이 벌겋게 부어올랐다. 울면서 시골 버스를 기다려 읍내 병원으로 가 주사 맞았다. 그러곤 다시 그 바다에 가지 않았다. 해안에 자갈돌 구르는 소리 귀에 가득 몰려와도 그 소리 잦아지다 무너지고 사라져버려도 다시는 바다에 가 잠수하지 않았다. 한 번밖에 안 쓴 오리발과 물안경 계단 밑 창고에서 오래 푸들거리고 있었다.

 노래방 〈바닷가〉에서
 노래하라고 일으켜 세워놓고는
 자기들끼리 떠드는 사람들 앞에서
 귀에 가득 밀려오는 자갈돌 파도 소리

파도 소리
언제 물안경 꺼내 쓰고 오리발 내밀어야 하나

잠깐 반짝였는데

꿈엔
입구를 찾을 수 없었다
창밖에서 이파리 하나가 흔들리듯
잠깐 반짝이고 있었다

낯익은 벽지 위엔 모란이 박혀 있었다
인동초 잎 덩굴은 연속해서 꼬부라지고
꼬부라지고

방을 보러 간다고 가서
슬리퍼 끌고 나온 그를 따라
들어섰을 뿐인데

유리 어항에 금붕어가 살랑이듯
잠깐 서성였는데

수십 년을 거기서 살았다고 한다
남편도 아니고 아버지도 아니고

아들도 아니었을 그와

창밖에서 이파리처럼
누군가
손을 흔들고 있었는데
잠깐 반짝였는데

눈발 휙휙

 흥남 부두는 노래 속에서 내린다. 굳쎄여라 금순아 속에서, 눈보라의 아우성 속에서 엄마아, 꽝 터지는 폭탄 속에서 금순이는 치마를 펄럭이며 하늘 위를 걷는다. 머리카락을 휘날리며 휙휙. 부두는 폭파되고 배는 이미 떠났는데 금순이 두 팔을 휘젓는다. 겨울 파도 위를 걸어서 걸어서 내려온다. 영도 다리 난간 위에서 고꾸라지듯 떨어지다가도 어림없지, 솟아오른다. 바다 갈매기들은 운다. 꽥꽥거리며 운다. 날개 달렸다고 하늘을 날면서도 운다. 명태가 가르는 찬 바다 위를 금순이는 날지 않고 울지 않고 걷다가 뛰어내린다. 허공을 가로질러 휙휙.

제2부
뿌리칠 수 없는 사기꾼의 蜜語들아

수족관 식당에서의 식사

그는 나를 굽어보고 다가와서 입을 벌렸지요
오래전에 큰 바다 벌판에서 작별을 고하고
사방 푸른 이 수족관 식당에 들어와 갇히게 되었다고

나도 바위 이끼를 뜯고 이빨에 고기 새끼를 끼워
잘게잘게 씹고 있는 지 오래
당신의 눈은 200년 전부터 늙은 거북의 눈
100년 전부터는 푸른 상어의 눈
그러다가 이제는 다시 고요한 도미의 눈
그 빛에 중독되어 내 이빨도 덜그럭거렸지요

그들이 심연에서 떠올라 내게로 다가올 때
나도 나 자신을 밑바닥까지 보고 싶었어요
이 터무니없는 낮도 밤도 아닌 여기
땅속도 바다 속도 아닌 여기
해일에 미역줄기처럼 떠밀려 왔다가 엉켜버리는
이것들은 다 누구인지

몸을 비틀어 꼬리를 치고 턱뼈를 벌려
100년 된 200년 된 이빨과 혓바닥을 간과 허파를
쏜살같이 달려와 뒤집히며 깔깔거리는 파도를 따라
엎어지고 쏟아뜨려 내 속에 내 속에
수백 번 헤매다닌 나를 팽개치고 싶었어요

새끼 고기들은 꼬리 치며 학교에서 돌아오겠지요
왁자지껄 물결에 흔들리며
어디서 온 도미 새끼이냐 어디로 가는 미역줄기냐
호기심에 흔들리다 뒤돌아서 눈알을 궁글리고

아무래도 삼켜지고 말겠지요
당신과 나 사이에 이 해일이 끝나면
산 중턱 내 집은 물에 잠기고
온 나라의 개들은 컹컹 짖고
돌아볼 때마다 우리 발꿈치를 좇아오던
감정의 이 높은 파도를
달은 비웃겠지요

물에 잠긴 내 집을 내려다보며
구름 사이 안락의자에 앉아서

햇살 스튜디오

그걸 믿어야 하나
깜빡이는 순간에 넘어가고 마는
사기꾼의
사기꾼의 침 발린 아양 같은
먼지 속에 부유하는 그 말

화계동 사거리 먼지 골목의 입구
사진관 햇살 스튜디오
백일 사진, 돌 사진, 증명사진 위로
햇살 떨어지며
옛날 사진 합성! 훼손 사진 복원! 이라는 말
찢어진 사랑도 감쪽같이 기워줄 듯한 그 말

찢어버린 사진들아, 모멸의 시간아,
울면서 노래하지 않았었니
이 몸은 흘러가니 옛터야 잘 있거라고

남북통일 그날이라도 온 것처럼

남남북녀 부둥켜 들러붙은 것처럼
옛사랑 옛 노래 붙잡고

영정 사진도 훼손 사진도
그곳에 벗어두면
햇살 속 먼지의 꿈속에서
깨어나 춤추게 되는 거니?

목덜미에 아양 떨며 파고드는 햇살아
뿌리칠 수 없는 이 사기꾼의 蜜語들아

발자국

무슨 새의 발자국인지 눈 위에 총총총
몇 번 찍고 사라진 흔적 있네
휘파람새
휘파람새를 본 적도 그 소리 들은 적도 없는데
얼떨결에 그 이름 입에 담네

이해할 수 없는 단어들
백지 한가운데 흩뜨려놓다가 한줄기 휘파람 따라
사라질 것만 같네

이 계곡이 숨겨놓은 눈사태보다도
털짐승의 갑작스런 출몰보다도
발밑
얼어붙은 계곡 물의 깊이가 더 무섭네

휘황한 상점의 유리에 비쳤던
순간의 그림자처럼

무슨 짐승이 날개를 친 흔적도 없이
앞뒤 없이 백지 위에 발자국만 남겼나

엄마, 위인전 읽다가 태어난 연도나 죽은 연도를 몰라서 물음표가 되어 있으면 그 속으로 빨려드는 거 같애, 예를 들어 장영실(?~ ?), 이걸 보면 너무 무서워서 확 넘겨버려, 아이가 말할 때

어디선가 휘파람 한줄기 내려오면서 회오리 속으로 머리채를 잡아끄네

달려가는 꽃나무
―李箱의 「꽃나무」를 위하여

오토바이가 커다란 화환을 싣고 가고 있었다. 달려가고 있었다.

벌판한복판에꽃나무하나가있었는데近處에는꽃나무가하나도없었는데꽃나무는제가생각하는꽃나무를熱心으로생각하는것처럼熱心으로꽃을피워가지고섰었는데꽃나무는제가생각하는꽃나무에게갈수없었는데

갈 수 없던 꽃나무가

장미 꽃나무가 백합 꽃나무가 큰 삼각 받침대에 꽂혀서 달리고 있었다 축 결혼 축 개업 축 영전에 뒤덮인 바퀴 뒤덮인 배달부 뒤덮인 熱心이 막 달려가고 있었다 차들이 엉킨 사이를 비집고 꽃나무 일생일대의 소원으로 가고 있었다 전에는 꼼짝없이 서 있었던 꽃나무가 이상스러운 흉내였던 꽃나무가 벌판 한복판을 가로질러

나 아닌 다른 사람만이 살고 있던 거리로 그와 나 사이에 사무쳤던 거리로 내가 닥지닥지 꽃을 피워놓고 꼼짝없이 서 있을 수밖에 없었던 거리로 막 달아나고 싶었던 거리로 그와 나 사이 절해고도의 그곳으로

뾰족구두 생각

뾰족한 구두 골몰해 있구나
지하철 의자 밑에서

동대문운동장 역은 환승역
굴러다니는 발걸음 속에
엉키고 싶구나

어제는 차창 밖으로 멀리 하늘과 벌판이 맞닿은 곳
지났다
눈으로만 지났다. 붉게 지는 저녁에 취해서
경중경중 걷다 뛰다 훌쩍 날아오를 것 같더니

박물관 유리 장에 돌로 깎은 나룻배
석관 속에 베개 베고 허공을 저어가던
무덤 속 明器처럼 가만히 엎드려 있구나

어디선가 휴대 전화 울리고
한쪽 다리뿐인 비둘기

문득 날아오르는데

뾰족구두 엎드려서

버드나무 늘어진 가지
연둣빛 크레용으로
허공에 긋듯이
휘익 날리는 이 시간

뾰족하게 골몰해 있구나

게들은 구멍 속에 한쪽 다리를 걸치고

갯벌에 꼬물대던 작은 게들이
갑자기
천지개벽의 지령이라도 받은 것처럼
일제히 정지한다

나는 아무런 의도가 없어, 없어
너희를 잡아 다리를 부러뜨릴 생각도
찜 쪄 먹을 계획도 없다구

그래도
꼬물거리던 그들은 내 기척에
기겁을 하고
눈의 안테나를 높이 세우고
뻘 저편을 바라본다
바라보는 척 게 눈 뜨고 내 눈치를 본다

무궁화꽃이 피었습니다
놀이처럼

그들이 내 발길을 피해
일제히 재빠르게 몸을 옮길 때
순간의 무수한 게걸음에
수평선이 빙그르 도는 것 같다

아찔하다
하늘은 뻘로 바다는 하늘로 뒤집힌다

난 바람을 쐬러 방파제에 서 있고
옷자락이 펄럭일 뿐인데

섭섭하다
게들이 구멍 속에 한쪽 다리를 걸치고
죽은 척 살아서 내 눈치를 볼 때

파뿌리같이

저 오리의 눈에는 연못이
통구이의 불빛 속에는 백일몽이
글썽거리며 글썽거리며 사네

지장보살이 간절히,
지옥 불에 갇힌 어머니를 구해달라고 빌었을 때
어디선가
파 한 뿌리 내려오시고
일 순위로 지장보살의 어머니 파뿌리에 매달리시고
그 어머니의
팔에 다리에 치마끈에 터럭 끝에
아비규환으로 매달렸던
무간지옥의 권속들처럼

저 네온의 불빛
남염부제 천만억겁의 빛이 반짝이네

우리의 발버둥에 진저리에 눈물 콧물에 매달려

버둥거리다 결국
이 겁이 지나서는 아귀가 되고
천겁이 지나서는 축생이 되고
또다시 천겁이 지나서야 될 그 무엇이 되고자

저요 저, 시끄러, 조용히 해,
여기요, 여기, 여보세요, 가고 말고요.
곧 가요, 갑니다.
이 남염부제 불꽃의, 철판구이의, 통오리 구이의
이곳에서
　백천만겁토록
　시방의 한량없는 불꽃으로부터
　떨치고 일어나
　천만억 마디의 몸으로부터

　층층이 저 불빛
　찜질방 노래방 추어탕 빈대떡 아구탕이
　파뿌리에 매달린 파뿌리같이

南天의 눈

어린 남천 나무 잎사귀 위에
꼭 남천 나무 잎사귀 모양으로
흰 눈이 앉아 있다

줄기도 뿌리도 없다
느닷없다
잎사귀뿐인 흰 나무

어지러운 춤추다
흔들리는 어린 잎 위에
멈춰 앉을 때

흰 눈은 남천 나무가 되고 싶고
남천은 어지러운 다리를 얻고 싶고

그러다 사라지고 싶었을까

누구였더라

이제는 생각도 나지 않는다
빠르게 날아가버린
남쪽 하늘을 흔드는
흰 눈의 이파리들

슬픔의 자루

어머니가 꼼짝 못하고 쓰러졌습니다
오줌과 똥을 치우느라 엎드려 있는데
병원 밖 멀리 기차가 배추벌레처럼 꿈틀거리고
느닷없이 그 짐승이 거기를 가로질러 갑니다

그 짐승의 이름은 알지 못합니다
무뚝뚝하기도 하고 흐느적거리기도 하고
석양 무렵이었습니다

햇빛 무서운 대낮에도 마주친 적 있습니다
아이가 잊고 간 도시락 갖다주러 가다가
반짝이는 잎 그물 사이로
농담처럼
그 짐승이 휙 지나는 겁니다
털 오라기 하나 떨구지 않고
길모퉁이 만개한 제비꽃 속으로

두 귀를 펼친 코끼리처럼

잎 그물 속에 출렁이다가
딱정벌레 오리나무 잎 갉아먹는 소리 속으로

어느 날인가는 막다른 골목에서
더 이상 도망가지 못하게 된 그가 갑자기
걷잡을 수 없이 흘러내리던 것도 보았습니다

내미는 손 잡혀버릴 것만 같아
손 내밀지 못하고
묶어서 자루에 넣어 데려가 달라고 부탁했는데

지난 유월 오빠가 집 앞 계단에서
말 한마디 못하고 쓰러져 죽었습니다

왜 자꾸 그 생각이 나는지 모릅니다
그가 잡아 지고 왔던 자루
그는 우리에게 아이스케키를 사다 준 것이었는데
자루 속에는 젖은 얼룩과 막대기만 남아 있었습니다

토끼

어젯밤 꿈엔
말만큼 거대한 토끼가 말과 함께 서 있었다
얼룩무늬를 하고
토끼가 왜 저렇게 크냐고 했더니
식용이라서 그렇다고 했다
갑자기 토끼가 앞다리를 들어 악수를 청하는데
그것은 사람 발톱 색깔을 한 말굽이었다
토끼와 악수를 한 사람도 토끼라고
사람들이 수군댔다
토끼가 어떻게 사람의 형상을 할 수 있냐고
토끼라면 입 모양쯤은 토끼처럼 생겨야지 했더니
먼 먼 조상이 토끼라서 그렇다고 했다
그래도 그렇지
조금쯤은 토끼를 닮아야 하는 거 아닌가

깨어나 거울을 보고 입을 오물거려보았다
이상한 동물이 내게로 온 것이 아니라
얼룩무늬를 뒤집어 쓰고 그 시간을

이 황량한 방 안을
내가 급히 지나가고 있는 거겠지

잠 속의 뽕나무 그늘

구름에 머리채를 맡긴 여자 하나가
언덕을 내려오고 있었다

총총히 까만, 혹은 빨간 열매들에 눈길을 매달다가
오디 짓이겨져 피처럼 얼룩진 그늘 아래
누군가 미친 듯 열매들 따다가 짓밟고 달아난 흔적에

아니, 어느새 오디가 다 익어버린 걸까
어느새 깜깜한 밤의 바다를 건너
잎사귀 갈피갈피 끌고 왔다가는

아니, 어느새 아이들을 주렁주렁 매달았다가
새벽같이 뛰쳐나가는 것들을 붙잡고

누가 몸에 그물을 덮쳐 팔다리에 돌덩이를 매단 듯
잡아 늘어뜨리는 걸까
일어나야 하는데

사방에서 오디 익어 떨어지는 소리
진보라 흥건한 오딧물 들거나 말거나
얼른 치맛자락 펼쳐
저 검은 열매들 몽땅 따 담아야 하는데

이빨을 혓바닥을 보랏빛으로 물들이고
이리 떼처럼 열매를 탐하는 저들 쫓아

달디단 저 뽕나무 짓이겨진 가지 지나면
몰래 또 숨겨둔
어린 새끼 뽕나무 순진하게 기울어 서 있는 비탈
갈피갈피 다 알고 있는데

잠의 그물에 팔다리가 얽혀

아니, 어느새 한 둔덕에서 수십 년을 서서
까맣게 농익은 열매 호들갑스럽게 떨어지는데
밟혀 짓이겨지는데

11월

느닷없이 큰 곰이
천장까지 닿는 검은 그것이 나타나
우리 집 고양이를 아이들을 때려눕히고
나를 그러면?
함께 살자고 하면?
이 집 커튼을 찢고 들어와
돌이 된 내 심장을 두들기며
그러면 어떡하지?
창문의 불빛을 훔쳐보다가
느닷없이 현관문에 피아노에
차압 딱지를 붙이는 집달리처럼
11월 어느 날
무심한 곰의 얼굴로 들이닥쳐서
TV에서 배 두들기며 웃는 코미디언들
얼굴 위에 재를 뿌리고
소파 위에 내 손바닥 위에
뜨거운 석탄을 올려놓으면
그러면?

나는 내가 아닌 그 누가 되어
알 수 없는 말 중얼거리다
손바닥 발바닥이 뜨겁다고
느닷없이 창밖으로 몸을 던지고
나뭇가지에 걸려
울부짖다 흩어지고 흩어지고
그러다가
11월이 가고 다시는
오지 않는다면?

도깨비방망이 열두 개

비닐 수박 네 통을
마스카라 칠한 속눈썹 치켜뜬
풍선 물오리와 함께 묶어놓고

횡단보도 앞 가로수 아래
리어카 주인 잡혀 있네

새끼 돌고래들
비닐 도깨비방망이와 한데 묶여서도
떠오르려고 제법 우쭐거리네

정오의 햇빛 잎 사이로 새어 내리고
터질 듯한 수박, 물오리, 도깨비방망이들
번쩍거리네 넘실거리네

잎 그늘 그물에
꼼짝없이 묶여있는 리어카 주인
소풍 가는 유치원생들이 들여다보네

묶인 수박 네 통

물오리 여덟 마리

돌고래 일곱 마리

이들을 후려치며 춤추는

도깨비방망이 열두 개

쇳대

 이미 져버린 모란꽃 대신 모란꽃이라고 우기면서 보고 싶은, 작년에도 피었던 그 자리에 작약꽃이 피었다. 이 만화방창의 화창한 골목을 지나

 방에 들어오자마자 쓰러져 잤는데 갑자기 요란하게 울리는 전화, 느닷없이 누군가가 거기 남경반점 아닌가요? 남경반점 맞지요? 아니라는데, 아니라고 했는데⋯⋯

 떼로 몰려와 우겨대면서 북벌을 해야 한다고 어쨌든 북벌을 위해 활쏘기 연습을 해야 한다고⋯⋯ 화약이 들어오고 조총이 발명되고 대포가 포탄을 퍼부어도 굳이 활쏘기 연습을 해야 한다고 우기던 그 고집불통의 왕 때문에

 망해버린 옛날 일이나 생각하고⋯⋯ 담배 가게 할 때, 구멍가게 한 켠에 칸막이해서 방을 어리고 온 식구가 거기 신문지 깔고 밥 먹을 때, 엄마, 동생, 나,

아버지, 활쏘기만 하던 아버지, 차들이 지나면서 일으키는 먼지가 입 안에 버석거리고, 사방이 간판인 유리창이 흔들리고 누군가 와서 담배 주세요. 껌 주세요, 라면 주세요, 그러면 숟가락 놓고 교대로 나가 돈 통을 열고 거스름돈을 주고

그때 2층엔 남경반점이 있고 지하엔 마산집이 있고 계단참을 내려가서 화장실 갈 땐 쇳대를 가지고 가서 토한 것들 보면서 진저리치고

이 끊어지지 않는 길고 질긴 끈…… 늙고 점점 바보가 돼가는 엄마를 보러 가야 하는데 엄마는 다리가 휘고 닳아서 잘 걷지도 못하면서 뭔가 자꾸 먹을 것을 해서 안기고, 냉동실을 가득 채우고, 떡을 하고, 가스불에 엿을 곤다고 조청을 만들겠다고, 콩가루를 빻고……

모란꽃이라고 우기면서 보려고 작약꽃을 심고 그 만

화방창을 지나려는데 뒷방엔 엄마가 있고 북벌이 있고
활쏘기 연습만 하는 사람들, 미련한 남경반점이 있고,
숟가락이, 절걱거리는 화장실 쇳대가.

제3부
스타킹을 신는 동안

스타킹을 신는 동안

당연히 그럴 권리가 있다는 듯이
본처들은 급습해
첩의 머리끄뎅이를 끌고 간다

상투적 수법이다

저승사자도 마찬가지다
퇴근해 돌아오는 사람을
집 앞 계단을 세 칸 남겨놓고
갑자기 심장을 멈추게 해 끌고 가버린다
오빠가 그렇게 죽었다

전화를 받고 허둥대다가
스타킹을 신는
그동안만이라도 시간을 유예하자고
고작 그걸 아이디어라고
스타킹 위에 또 스타킹을 신고
끌려가고 있었다

그녀의 입술은 따스하고 당신의 것은 차거든

그러니, 제발 날 놓아줘,
당신을 더 이상 사랑하지 않거든, 그러니 제발,

저지방 우유, 고등어, 클리넥스, 고무장갑을 싣고
트렁크를 꽝 내리닫는데……
부드럽기 그지없는 목소리로 플리즈 릴리즈 미가 흘러나오네
건너편에 세워둔 차 안에서 개 한 마리 차창을 긁으며 울부짖네

이 나라는 다알리아가 쟁반만 해, 벚꽃도 주먹만 해
지지도 않고
한 달이고 두 달이고 피어만 있다고
은영이가 전화했을 때

느닷없이 옆 차가 다가와 내 차를 꽝 박네
운전수가 튀어나와
아줌마, 내가 이렇게 돌고 있는데

거기서 튀어나오면 어떻게 해
그래도 노래는 멈출 줄을 모르네

쇼핑 카트를 반환하러 간 사람, 동전을 뺀다고 가서는 오지를 않네
은영이는 전화를 끊지를 않네

내가 도는데 아저씨가 갑자기 핸들을 꺾었잖아요
듣지도 않고 남자는 재빨리 흰 스프레이를 꺼내
바닥에 죽죽죽 금을 긋네

십 분이 지나고 이십 분이 지나도 쇼핑센터를 빠져나가는 차들
스피커에선 또 그 노래
이런 삶은 낭비야, 이건 죄악이야,
날 놓아줘, 부탁해, 제발 다시 사랑할 수 있게 날 놓아줘

그 나물에 그 밥
쟁반만 한 다알리아에 주먹만 한 벚꽃
그 노래에 그 타령
지난번에도 산 것을 또 사서 실었네

옆 차가 내 차를 박았단 말이야 소리쳐도
은영이는 전화를 끊지를 않네
훌쩍이면서
여기는 블루베리가 공짜야 공원에 가면
바께쓰로 하나 가득 따 담을 수 있어
블루베리 힐에 놀러가서 블루베리 케잌을 만들자구

플리즈 릴리즈 미, 널 더 이상 사랑하지 않거든
그녀의 입술은 따스하고 당신의 것은 차거든
그러니 제발, 날 놔줘. 다시 사랑할 수 있게 놓아
달란 말이야

아라베스크

그는 내 이름을 끊으려 했다고
끊겠다고 했어요

그가 공사장에서
콘크리트 바닥을 해머로 내리치는 걸 봤어요
드릴로 구멍을 파고 불칼로 쇠를 잘랐어요
그는 느닷없이 소리를 지르고 쌍욕을 해댔어요

그러다가도
날아가던 작은 새를 보고
그것은 참새가 아니라 방울새라고 했어요

나는 그게 방울새인 줄 처음 알았어요

사라진 강
―사이토우 마리코를 위하여

천호 역은 강의 남쪽에 있고
광나루 역은 강의 북쪽에 있다
지하철 5호선을 타고
천호에서 광나루를 지나면
한강을 건너는 것인데
강이 보이지 않는다
차창 밖은 까맣고
유리엔 일그러진 얼굴뿐

내 머리 위 어디쯤
한강이 흐르고 있어야 하는데
강은 없고

오리털 하나가
누군가의 잠바에서 빠져나와 떠돌고 있다
강은 사라지고 오리는
오리도 없고 깃털뿐이다
깃털은 주인을 잃고 혼자 떠돈다

한없이 떠도는 깃털의 기억
기억 속에 흐르던 강
모래 속으로 스며들다
사라진다

깊고 긴 강
눈 감고 날마다 건너다닌다
그러다가 아주 잃어버리고

천호와 광나루 사이
강을 건너야 하는데
강이 없다

털 많은 손이 불쑥

"밥 먹자" 소리치며 방문을 열어제낄 때, 손가락이 언 문고리에 쩍 늘어붙던 옛집, 무너져서 헐어낸 지 오래인데 아직도 꿈에선 늘 그 집, 그 찢어진 창호지 구멍으로 털 많은 짐승의 손이 불쑥 들어온다

무너진 아버지 같은 집, 사라진 지 오랜 그 지붕 위로

할머니가 좌판 위에 강낭콩 한 사발을 올려놓고, 할아버지는 할머니가 깐 콩 껍데기를 비켜놓고 비켜놓고 구겨진 지전을 펴서 자리 밑에 깐다. 강낭콩 위를 짧게 기어가는 번개무늬

동네엔 바보 아들을 저녁마다 운동시키는 아버지가 있다. 아들은 아버지보다 어깨도 넓고 머리통 하나만큼 크다. 괴성을 지르며 쇠기둥을 뽑겠다고 황소고집을 부리는 아들을 붙잡고 아버지는 땀을 뻘뻘 흘린다

TV에선 부자 미국이 피죽도 못 먹는 아프가니스탄에 무차별 폭탄을 퍼붓는데, 괴성을 지르며 달아나는 오토바이 보라고 콩을 까고 콩을 쌓고 구겨진 지전을 펴서 두는 노인은 꼭 그 아버지 같고

 무너진 지붕 위로 고속도로가 뚫려도 여전히 옛집은 문고리가 손에 쩍 들러붙고, 그 문을 열고 또 열면 할머니들은 종지에 강낭콩을 쌓고 또 쌓고 창호지 문으로 무슨 짐승의 손인지 털 많은 손이 불쑥

그늘

모과나무 가지 사이로
미련한 열매 하나가
폭발할 듯 부풀고 있다

강물에 펄떡여야 할 물고기
눈이 먼 채 시계탑에 올라
왔다 갔다 왔다 갔다 왔다 갔다
허송세월 허랑방탕

오늘도 저이들
쭈그리고 앉아 마늘을 까서 파는 노파
검은 스타킹의 전도지를 돌리는 저 여자
저들의 그늘은 움직이지도 않는다

암놈 위에 붙은 두꺼비처럼
깜깜하고 악착한 아이가
늙은 엄마 등에 들러붙어 있다

그늘이
너는 내 집이라고 내 가족이라고
커다란 아가리를 벌리고 있다

태양의 잎사귀들

동해 碧海之中에 한 뿌리의 扶桑나무가 있다
태양과 그의 열 아들이 거기 산다
아홉 아들 해는 아래 둥치에 한 아들은 그 윗가지에

새벽마다 龍車가 태양 하나씩을 싣고
함지에서 목욕하고 扶桑에 오른다
再再騰空 緩緩西行한다

20년 동안 30년 동안
열 개의 태양이 뜨거나 말거나
백 날의 龍車가 창밖으로 지나거나 말거나
맹목적인 잎을 달고
깜깜하게 서 있었다

냉혹한 잎 미련한 잎 시큼한 잎으로
서서만 있었다

스무 살 새파란 잎 기억의 헛간 속에서 그 주소는

왜 사라져주지 않는 것일까 비 쏟아지는 날 버스에 올라타 오락가락했고 백 통쯤 편지를 썼었다 수억 년 전이다

  뜨거운 잎 무의식의 잎 사이를 뚫고
  쏟아지는 천 개의 화살이 있다
  태양은 열 아들을 키워 날마다 빙글빙글 돌리고
  오랜 잎들이 세월의 약들이
  아무짝에도 소용없는 잎이 되었다

  양말짝 같은 잎 혓바닥 같은 잎으로
  다시 천 개의 빛 화살을 막으려 한다

  너덜너덜한 잎 뒤에 만 룩스의 불빛이
  두개골 심장 창자를 뒤진다 파낸다 갈피갈피
  몸에서 수천의 태양계가 태어났다 사라진다
  꿈속의 잎 챙피한 잎 잎사귀들

봄밤에 늑대 이빨

근질근질한 잇몸
뚫고 나와 아랫입술
지긋이 누르는 저 이빨

둥근 창 불빛 뒤로
짐승의 쫑긋한 두 귀 같은 것
휙 지나가듯이

들큰한 바람을 거슬러
물어뜯을 것을 찾아다니잖아

뉴스에서는 탈주범들이
백주대낮에 어슬렁거린다던데
여자들 비명 소리 들렸다던데
미쳤어 미쳤어
내장까지 다 파헤쳐놓고는

꽥 소리를 지르며 뛰쳐나가

귀머거리 같은, 소경 같은
봄밤에 떠다니는 것들

쌍라이트를 켜고
달려간 트럭의 지붕 너머에서
봄밤을 섬뻑 베어 물고는

목구멍 깊숙이서 한 떼의 늑대를
풀어놓는
저거, 봄달 때문이잖아

참이슬 삼만 병

함양 산청 고갯길에 15톤 트럭 달려간다
진로 소주 참이슬 한 이만 병은 실은 것 같다

산비탈 밭 아래 슬레이트 지붕 아래
벗어놓은 장화 쓰러져 누워 있고
저 해 기울면 어둠은 기어들어
안 보이는 골짜기 물
엄마 엄마 부르듯 흐를 것인데

함양 산청 가는 길에 참이슬이라고 실은 트럭
이만 병 아니 한 삼만 병은 실었나 보다

엄마 가지 마 가지 마 울며 따라오는 애 뿌리치고
버스에 올라탄 그녀를 위해 고구마를 위해
개를 위해 돼지를 위해 앞서거니 뒤서거니

비틀거리지도 않고 헛소리도 않고
15톤 트럭 끈질기게 따라붙는다

처마 아래 거미줄 내리게 버려두고
함부로 횟술 마실 울면서 장구 칠 그네들 제껴두고

참이슬이라고 소주병들 다리를 건넌다
굽이를 돌더니 갑자기 사라진다
어느 골짜기에 삼만 병 다 퍼부으려고

폭탄에 숨다

그 많은 연기가 어디서 기다리고 있었는지
그 많은 먼지가 벽 속에 어떻게 숨었었는지

조그만 주먹 속에 조그만 폭탄 속에
눈먼 폭풍들
불꽃과 연기와 굉음들

네가 나를 버렸듯이
나도 나를 버릴 거야
폭탄을 안고 숨어들어
솟구치며 날아갈 거야
나의 뼈 너의 피를 안고
네 마천루를
관통할 거야

저것 봐
바닥은 끓어오르고 벽들은 녹아내리지
불길이 하늘의 반을 가리고

작은 주먹이 연기로 바뀔 때
내뿜는 폭풍을
그 후의 한없는 정적을

네가 폭파시킨 나
내 속에 함께했던 너
내 몸속에 갇혔던
연기와 불꽃과 비명을

첩첩의 꽃

한겨울 속에 여름, 한여름 속에 겨울
한 뿌리 속에 꽃과 잎

그것이 꽃이거나 말거나
피거나 말거나

너는 아주 멀리멀리서
허물어졌다가 솟아나는 왕국에서
눈보라 치다가 갑자기 고요해지는구나

활짝 핀 다음에야 나도 진다
지기 위해 만개했었다

목적도 없는 왕
네 안의 눈보라 속에서
쉬었다가 다시 피어나고
죽었다가 다시 태어나고

첩첩의 꽃이라 하는 순간
끝, 종을 치는구나

화물 기차

　화물 기차는 철로 위에 육신을 맡겨놓고 정신은 멀리 놓아두고
　어둠 속에서 흘러나오고 어둠 속으로 사라지고

　덕구는 힘이 세고 그네를 타면 힘차게 굴러 한 바퀴 돌아버릴 지경이고
　툭하면 아무 차나 올라타 멀리 가버리고

　덕구 엄마 울고
　한밤중에도 한낮에도 화물칸은 꿈쩍 않고

　자기 몸속에 갇혀 늑대처럼 괴성만 지르고
　덕구는 쇠 말뚝에 박힌 쇠사슬의 그네만 타고
　먹기만 하고 싸기만 하고 신발은 늘 거꾸로 신고
　아프지도 않고 죽지도 않고

　화물칸은 검은 침목 위에 서 있고
　철로 변 검은 사택 양귀비 심은 꽃밭 앞에

눈살을 찌푸리고
덕구 동생 은숙이 은숙이 옆에 나
사진 속에 나란히 서서

번개표 형광등 천안 공장 굴뚝 위로 구름 흘려보내지
구름은 기억도 못하지 미친 머리칼처럼 떠가며
서 있던 검은 화물 기차를

자기 시집 읽는 밤

거꾸로 꽂혀 서 있었던 이제 남이 된 내 시집을 뒤적거리는 밤. 식어버린 관계가 되어 난처해진, 피하려다 마주쳐서 읽게 되는 낯 뜨거워지는 밤.

오늘 밤은 그래, 수동적으로 남의 손에 의해 아주 조금 숨을 한번 쉬어본 거다. 이젠 남의 힘을 빌려야만 겨우 숨을 쉴 수 있는 거다.

쓸데가 전혀 없는 물건이 되기 위해, 배반으로 달려가 변해버리는 말이 되기 위해.

화염은 작아지다 꺼져버리고 마침내는 깜깜해지지.

잊혀지기 위해, 썩는 살이 되기 위해, 바이러스의 침노로부터 잠시 마비되기 위해, 우선 항생제를 한 알 삼키고.

한없이 멀어져 간 거기, 닿고 싶어 하는 이 그리움

의 헤르페스로부터 저항하기 위해 웬수같이, 항생제를 또 한 알.

겨울딸기

사진으로 남기 위해 여행을 가는 것은 아니지
접시를 위해 딸기가 있는 것도 아니고
그럼 뭔가, 이게 다 뭐란 말인가
겨울에 딸기가 있다고
겨울딸기, 그게 뭐냐고

날씨가 이렇게 추운데 수퍼마켓엔 겨울딸기가 있어요
그것도 두 팩에 7천 원 소리치면서
전에 딸기는 수원 딸기 밭에 있었는데
연인들은 5월이면 딸기 밭으로 가
처음으로 눈을 맞추고 몸을 만졌는데

그러나 하고 싶은 얘기는 그게 아니고
겨울딸기가 있다는 얘기, 아양을 떨며 있다는 얘기
무슨 허무한 이야기처럼

손님이 온다고 해서

유리창을 닦고 커튼을 빨고 바닥을 윤나게 닦고
수퍼에 가 겨울딸기를 샀어요.
7천 원, 소리쳤기 때문에 샀어요
12월 짧은 해가 떨어지고
손님은 왔어요
높이 웃으며 떠들다가
딸기를 몇 개 집는 사이
겨울밤은 갔어요
딸기는 냉장고에 남게 되고
문드러지고

그러나 정말 하고 싶은 얘기는 그것도 아니고
사랑도 없고 그 무엇도 없으면서
내가 딸기를 먹으며 허세를 부리는 얘기
겨울딸기는 곧 시들겠다는 표정으로 협박 조로
담겨 있다는 얘기

그러나 그것도 아니고

이제 겨울딸기는 냉장고에 포장도 뜯지 않은 채 있어요
겨울딸기가 오고 겨울이 왔어요
추워요 추워 죽겠어요
그걸 장바구니에 담고 냉장고에 넣어두고
이게 뭐예요, 이게 뭔가요
겨울인데 딸기는 빨갛고 예쁘고 앙증맞고
애교를 떨면서 있는데
거부할 수 없이 있는데

아, 아니고, 아니고
그 얘기는 결국 그게 아니고

제4부
낙화암은 옆구리에 삼천궁녀를 거느리고

초승달, 밤배, 가족사진

끝을 날카롭게 구부리고 지붕 위를 떠가는 초승달
왜 입 안에 신 침이 고이는 것일까

껍질 반쯤 벗겨진 사이로
신 물 주르륵 흘러내리고 노란 껍질 위에 이슬 맺혀
익다 못해 터진 그 사이로 안개처럼 떠 있는

앞에는 키 작은 아이들 뒤에는 두루마기를 입은 100년 전 사람들 단장을 짚고 안경을 쓰고
줄줄이 서 있던 일족의 흑백사진
한 잎 배를 타고 칠흑의 밤을 노 저어 가던 그 집

그 집 벽 위 액자에도 저런 빛깔의 과일이 한 쪽 떠 있었던 것만 같다
먹어본 듯하나 아직 먹어보지 못한

주르륵 지붕 위로 미끄러져 내리던

100년도 전에 그 집 사람들 미끄러져 가면서
남자가 입덧 중인 여자에게
열매를 까서 한 쪽씩 입에 넣어 주고
아기들에게도 쪼개 주고
둘러앉아 한쪽 눈을 찌그리며 터뜨려 먹고 있는데

그때 밀감도 아니고 오렌지도 아니고 신 살구 빛의
그것이 먹고 싶어
어미의 갈비뼈 밑으로 기어들어간 그 기억 때문일까

깜깜한 밤하늘 뚫고 신 살구 빛의 새초롬한 달
신 물 터져나오면 한쪽 눈이 찌그러지다 환해지는데

그 집 액자에서 다시는 내려오지 않고
밤배 탄 사람들
아직도 기린처럼
그 열매 끌어내려 터뜨려 먹으며 가고 있는지

잔뜩 구부리고 초승달 미끄러져 내린다

하산

그때 나는 숲에서 나와 길에 올랐다
검은 떡갈나무 숲 한 뼘 위에
초승달 눈 흘기고 있었다

숲에서 나오자 세상 끝이었다

우리 밑에 짓눌려 부스럭대던 잎사귀들
아이처럼 지껄이던 산 개울 물소리
아무 생각 없이 나눈 악수는
흘러 흘러 흘러서 바위틈으로 스며들고

숲에서 나오자 깜깜했다

허공중에 피었다 곤두박질치는 것
깨진 접시 조각처럼 잠시 멈춰 있던 것
보았느냐고, 묻고 싶은데

갑자기 숲은 아득해져서

지나간 잎사귀들만 매달고 흔들리고

검은 구두

현관에 놓여 있는
나보다 먼저 돌아와 있는
검은 구두
겉은 멀쩡한데
더 이상 출항이 정지된
먼 바다 폭풍을 헤치고 온
군함 같은 검은 그것을
바로 보기가
왜 이렇게 어려운 걸까

전에 병들어
염전이 보이는 바닷가 요양원에 있을 때
그 염전에서 보이던 수평선이
소금 더미 너머로 떠오르고

검은 구두는
그때보다도 더 말끔하고
그때보다도 더 반짝이는데

현관문을 등지고 묵묵히 안방을 향해 있는
막 지나가고 있는 오늘을
담고 있는
검은 구두가
검은 구두를 놓고 있는 현관이
왜 이렇게 고요하기만 한 걸까

배추요 무요 양파요 라고 외치는
행상 트럭의 뒤를 따라왔듯이
내일을 따라왔는데
오늘이 그리고 아무것도 모르겠는 내일이
차창에 부닥쳐오는 빗방울처럼
비틀거리며 비틀거리며
흘러내리고

나무가 있던 자리

80년대
어떤 기억 때문에
골목을 만나면 그는
두 무릎을 가슴을 어깨를
떨었다

막다른 골목마다
불심검문자가 나타나서
나무둥치 속으로
진입하는 수밖에 없었다고

나 이런 존재라고
이파리 주민등록증을
내미는 순간

폭풍처럼
낄낄낄
지저귀던 새들이

일제히 날아갔었다고

거긴 나무가 있던 자리라고
지금 베여 넘어지고 없다고

성냥 공장 아가씨

하루 종일 성냥개비만 밀려온다
한 달 내 성냥갑이 그녀 앞으로 흘러오고 흘러간다
퇴근길 쇼윈도엔 꿈 같은 드레스가 걸려 있는데
그녀에겐 병든 엄마가 있다
월급봉투만 채 가는 주정뱅이 아빠도 있다

인천에도 성냥 공장이 성냥 공장 아가씨가 있었다
군인들은 낄낄대며 노래했었다
인천에 성냥 공장 아가씨는
하루에 한 갑 두 갑 치마 밑에 감추다
치마에 불이 붙어 방화범이 됐다고

성냥 공장 아가씨는 아무도 사랑하지 않는다
아무도 춤추자고 아무도 예쁘다고 하지 않는다
성냥갑 속에 성냥알처럼 가만히 앉아 있다

영화에선 한 남자가 다가와 춤추자고 했다
휘감아 뜨거워져서는

하룻밤에 임신이 되고 그 남자를 찾아갔다
"다시는 나타나지 마!" 그 남자가 소리쳤다

발밑엔 지하철이 흐르고
그 밑에 또 강이 흐르고
갇힌 불꽃들은 다 땅 밑으로 간다

그녀에겐 갈망하는 두 팔이 있다
쥐약을 사고 물에 타서 병에 담는다
가방 속에 조용히 넣고 다닌다
땅속을 흐르는 불길처럼 출렁거린다
수첩 속에 적어 둔 시구처럼 혼자 몰래 꺼내 본다

인천에 성냥 공장 아가씨는 감옥에 있었다
그녀의 집은 불타고
철창 밖으로 불타는 집을 끄러 가는 꿈만 꾸고

영화 속 그녀는 그 남자에게 간다

다시는 찾아오지 않겠다고 말하러 간다
마지막으로 한잔 하자며
몰래 쥐약을 섞어 넣는다
집에 와서 엄마의 잔에도 아빠의 잔에도 정성껏 따라준다
카페에서 처음 본 남자가 웃으며 다가오자
그녀도 웃으며 쥐약을 따라준다

핀란드에도 성냥 공장이 있나 보다 영화에 나온다
인천에 성냥 공장 아가씨하고 아주 꼭 같다

이불 차버리는 소리

잠결에
당신이 이불 차버리는 소리

잠의 끝 아득한 곳에서

매미 껍질 벗어던지듯
귓가에 와 부서지는 소리

어디인가? 여기

우리 죽은 뒤 백 년은 지났을 쯤에
눈꺼풀 짓누르는 캄캄함 속에서
들려오는 소리

여보, 눈 좀 떠봐
이 어둠, 무엇인지 입술 한번 움직거려봐

꿈에 도둑이 들어 우리 집을 몽땅 털어 갔어

봄날이 간다

고양이가 식탁을 뒤집어엎었다
화분의 꽃봉오리를 뜯어먹었다
고양이를 발로 차고 방에 가뒀더니
솜이불에 오줌을 쌌다
고양이를 내다 버리자고 했다
딸아이가 울었다
고양이가 다리에 와 감긴다
몸을 비빈다 손등을 핥는다
스웨터에 털을 잔뜩 묻혀놓고 도망간다
끈끈한 테이프로 고양이 털을 떼었다
소파를 물어뜯어서
책을 찢어발겨서
제발 고양이를 내다 버리자고 했다
딸아이가 울면서 고양이 똥을 치웠다
낮에는 종일 고양이 혼자 있는 집
고양이가 변기의 물을 먹고
열리지 않는 문 앞에 서 있다
혀로 자기 배를 자기 성기를 자기 항문을 핥는다

경비 아저씨가 몽둥이와 그물을 들고
도둑고양이들을 잡으러 다닌다
고양이가 헝겊 쥐를 앞다리 사이에 끼고
유리문 앞에 서 있다
봄날이 간다

내부순환도로

다리가 꺾어졌는지 커다란 하얀 개가 고속도로 갓길에 주저앉아 있었다. 시속 100으로 달리는 늠름한 차들을 바라보고만 있었다. 웅덩이 같은 눈동자 마구 달려들었다.

어릴 때 사촌은 기차는 바퀴가 없는 것이라고 우겼다. 겨울방학 책에 뱀 꼬리처럼 사라지는 기차 그림엔 정말 바퀴가 보이지 않았다. 기차를 타본 내가 기차를 타보지 않은 사촌의 말을 이길 수가 없었다.

처음 그가 왔을 때, 맨 처음이, 맨 마지막이 어디쯤인 줄 전혀 모르고 스쳤다 뜬 다음에야 왔다는 걸 알았다. 비행기가 활주로를 구르다가 구른다기보다 미친 듯 땅바닥을 비비다가 한순간 가볍게 떴다. 영 뜨고 그게 마지막이었다.

바퀴의 힘을 빌려, 언젠가 다른 곳의 자신으로 돌아가려고, 황하의 뱃사공이나 말라카 해협의 해적으로,

상하이 서커스단 오토바이가 되려던 것인지도 모른다. 쇠창살의 원통 속에서 끔찍하게 달리던 상하이 서커스단 오토바이들.

그 눈이 웅덩이처럼 확대되어 내 눈에 박힌다. 시속 110,120,130 빠르게 달리는 것들은 바퀴를 보여주지 않는다.

뻐꾸기들 같다

홍지문 밖 이북5도청은
방 한칸 한칸이
삭주, 자성, 강계, 벽동이다
평북 골짜기가 복도에 늘어서고
유리창 햇빛도
평안도 사투리로 쇠리쇠리하다
보따리 이고 지고 쫓겨가던 벽동이
묘향산 행 승합 타고 삼백 오십 리 가던 자성이
철산, 영변하고 나란히 문패 달고
명예 해주 시장, 명예 삭주 군수, 명함 돌리고
도장학회장, 해주여고 동창회장, 군민회 노인들
통일 장학금 전달식 날
국수 먹고 한잔하면
뻐꾸기들 같다
철산, 영변, 박천을
목젖 속에 담았다가
박천에 배나무 한 그루 심고
영변에 진달래 한 가지 꽂고

살아서는 못 밟을 섬
목구멍에 깊이 빠뜨렸다가
다시 정주, 후창, 영변을
뻐꾹 뻐꾹 뻐꾹 소리 속에 게워낸다

겨울 유리창

　그렇게도 부드럽게 목덜미에 그렇게도 다정하게 귓불에
　그러다가 갑자기 낚아채듯 날렵하게
　햇빛이 발꿈치를
　햇빛이 발꿈치를 쫓아와 물어뜯어

　몸을 피해도 쫓아오고
　캄캄한 방에 갇혔는데도
　햇빛이
　하백의 딸 유화의 허벅지로
　어찔어찔하게

　햇빛과 자고 하백의 딸
　닷 되들이만 한 알을 낳아
　그 알을 내다 버려도
　뭇짐승이 핥고
　아지랑이의 깃털이 덮어주어
　으앙하고 한 아이가 알에서 걸어 나왔듯

너 깜깜절벽 꽝꽝 웅덩이
적막강산에 엎드려 만 번 절해라

그때처럼 잉잉거리게
햇빛이 벌 떼처럼 달겨들어
혼자 있는 겨울 유리창
으앙하고 또 한 아이 걸어 나오게

온몸을 잊으려고

양귀비는 거북 눈 속에서 하늘거리고
낙화암은 옆구리에 삼천궁녀를 거느렸네

차바퀴 밑에는 고양이가
늑골 아래에는 암세포가
야옹거리며 야옹거리며 사네

종합병원 건너편 저 멀리에
기차가 한강 다리를 건널 때
초록 배추벌레처럼
꿈틀거리며 꿈틀거리며 건널 때

겨자씨 속엔 눈 폭풍이
뻐꾹 소리 속엔 먼 산이

온몸을 잊으려고
이 세상 냄새를 잊으려고

눈꺼풀 속으로 백일몽 속으로
절벽 아래로 벚꽃 잎 아래로
흩날리네 흩날리네

개구리 메뚜기 말똥구리야

너 개구리야
그 힘으로
콩 튀듯 팥 튀듯 뛰는 메뚜기야
네 사랑의 힘으로 말똥구리야
우리 말똥을 굴리며
엎어지며 고꾸라지며 가자
저 들판을 지붕을 건너
개구리 메뚜기 말똥구리야
대문 걸어잠그고 두문불출한다 해도
느닷없이 따귀 맞고 욕설은 듣게 된다
빚 갚고 갚으며
철조망에 싹이 나고 잎이 날 때까지
꽃 피고 꽃 지고
밤나무에 주렁주렁 수박 덩이가 매달릴 때까지
복사씨도 살구씨도 미쳐 날뛸 때까지*
가자
말똥을 굴리며 굴리며

으으 개구리 메뚜기 말똥구리야
세간에 세간에 출세 간에
그 너머로 우리
말똥을 소똥을 굴리며 가자

* 김수영 시「사랑의 變奏曲」에서

|해설|

시간의 주름과 존재의 착색

최 현 식

 5년 전 "누가 내 시간 속으로 들어와 고개를 끄덕여줄까"(『붉은 밭』)라고 말했던 시인은 최정례였다. 보통의 서정적 동일성을 추구하는 이라면, 아마도 '너'와 '나'의 동일성을 추구하거나 '나'를 '너'에게 투사하려는 언어의 소망에 바빴을 것이다. 그러나 그는 내 안에 부재한 타자들을 껴안거나 그들에게 나를 개방함으로써 서로의 '결핍'과 '얼룩'을 치유함과 동시에 의미 있는 세계로 사뿐히 내려앉기를 소망한다. 이 작업은 그러나 표면상으로는 자아와 관련이 없는 타자들과 관계 맺음으로써 채 감각되지 않은 이질적이며 복합적인 '나'를 새롭게 보려는 시도이다. 따라서 감각의 새로움이 클수록 '나'에 대한 낯섦과 충격 역시 커진다.
 이때 주체와 타자의 관계 맺음에서 시간은 모든 존재에

게 공평히 적용된다는 그런 운명적 폭력성보다는 존재의 고유성, 다시 말해 영혼과 육체, 역사를 기록하고 기억하게 하는 주름의 역할을 한다는 점에서 중요하다. 시간은 모두에게 똑같이 주어지지만 그 경험 양상은 세계와 자아의 현실에 따라 전혀 달라지기 때문이다. 다음 시는 그것을 감각화한 대표적인 예이다.

흥남 부두는 노래 속에서 내린다. 굳쎄여라 금순아 속에서, 눈보라의 아우성 속에서 엄마아, 꽝 터지는 폭탄 속에서 금순이는 치마를 펄럭이며 하늘 위를 걷는다. 머리카락을 휘날리며 획획. 부두는 폭파되고 배는 이미 떠났는데 금순이 두 팔을 휘젓는다. 겨울 파도 위를 걸어서 걸어서 내려온다. 영도 다리 난간 위에서 고꾸라지듯 떨어지다가도 어림없지, 솟아오른다. 바다 갈매기들은 운다. 꽥꽥거리며 운다. 날개 달렸다고 하늘을 날면서도 운다. 명태가 가르는 찬 바다 위를 금순이는 날지 않고 울지 않고 걷다가 뛰어내린다. 허공을 가로질러 획획.　　―「눈발 획획」 전문

이 시를 구성하는 요소들은 꽤 여러 가지이다. 그 가운데서도 '눈발'과 「굳세어라 금순아」라는 '노래'는 대표적이다. 이것들은 단순히 현재 내리는 것들과 그에 의해 환기되는 매체뿐만 아니라 원래 그것들의 기원, 즉 한국전쟁의 비극과 슬픈 기억을 동시에 실어 나른다. 현인이 부른

이 노래는, 흥남 철수 후 부산에 정착해 고단한 삶을 살던 피란민이 흥남에 남겨진 금순을 위로하고 격려하기 위해 지어졌다. 따라서 이 시의 연상은 시대를 초월하여 현재 삶의 애수까지 자극하는 이 노래의 대중성과 시간을 견디는 공감성에 따른 청취 경험에서 온 것이겠다. 그러나 한편으로는 2005년 한때를 풍미한 같은 제목의 드라마도 얼마간 구실을 했을지도 모른다. 하지만 그것은 별로 중요하지 않다. 중요한 것은 그것이 '나'에게 새롭게 고개를 끄덕이는 모습을 움켜쥐는 일이다.

이 시는 '금순'을 끝없는 기항지 부산을 향해 어지럽게 남하하는 '눈발'에 비유함으로써 그녀를 한국전쟁의 가장 비극적인 피해자로 시간의 주름 안에 기록/기억한다. 그리고 결국은 고난과 사랑의 쟁취로 이어지는 전형적인 멜로드라마의 주인공으로 남았지만, 이 시대의 '금순' 역시 "명태가 가르는 찬 바다 위를" "날지 않고 울지 않고 걷다가 뛰어내"리는 삶을 거듭한 뒤에야 가능했다. 물론 이 시의 착상점은 노래 「굳세어라 금순아」에 좀더 가깝다. 그러나 이 시를 볼 때 한국전쟁이나 이 노래에 대한 경험이 없는 사람들, 특히 젊은 세대들의 반응은 어떨까? 드라마를 먼저 떠올리며 저 경험 불가능한 이미지나 상상력 때문에 매우 곤혹스러워할 것이다. 굳이 드라마를 공통착상의 일부로 끌어들여 본 것은 이 때문이다.

이런 대중가요와 드라마의 겹침을 통한 시간 경험의 이

중성과 복합성, 과거와 현재의 넘나듦은 어쩌면 시인과는 무관한 비평가 나의 것인지도 모른다. 그러나 나는 시인 고유의 시간의 주름을 내 것으로 주저없이 잡아당긴다. 이는 나 역시 어지러운 눈발을 역사와 현실의 파편화된 순간들로 이어붙여 탄생된 '금순이들'이 되고 싶은 까닭이다. 가령 시인은 어젯밤 속의 커다란 얼룩무늬 토끼 이야기를 오늘 아침 서술하면서, 결국은 "이상한 동물이 내게로 온 것이 아니라/얼룩무늬를 뒤집어 쓰고 그 시간을/이 황량한 방 안을/내가 급히 지나가고 있는 거겠지"(「토끼」)라면서 '나'의 타자성, 즉 얼룩무늬 토끼임을 부인한다. 흔히 이야기하듯이 꿈을 자아의 무의식적 표현이란 관점으로 본다면 시인의 자기 인식은 옳다. 그러나 모든 대상 또는 변형된 주체를 '나'로 단일화 하는 것은, 시간은 물론 그것이 점유하거나 지나온 공간을 황량하고 왜소하게 만든다. 물론 저 구절들은 이 같은 느낌을 주지 않는다. 오히려 여전히 세계와 자아의 강력한 주권자이길 욕망하는 근대적 자아에 대한 냉소와 비아냥거림으로 먼저 들린다. 그것은 아마도 토끼 꿈 해석이 어제와 오늘이라는 시간의 차이 속에 놓이는 한편, 이성적 자아에 의한 것처럼 보이므로, 오히려 타자에게 개방된 주체를 강렬히 욕망하는 것으로 읽히는 탓이다.

  최정례의 새 시집은 그러나 열린 주체 자체보다는 그것이 지닌 혹은 지향하는 일룩덜룩한 무늬와 촉감의 표현에

더 힘을 쏟는 듯하다. 전자는 이미 시인의 설 자리이고, 후자를 통해서야 비로소 자아 고유의 존재감이 표상되기 때문이다. 하지만 그 언어는 상냥하고 따뜻한 편이 아니다. 자아를 둘러싼 삶은 진짜 현실에서든 상상력 속에서든 "찢어버린 사진들"과 "모멸의 시간"에 휩싸여 있는 경우가 훨씬 많다. 그럼에도 그는 "목덜미에 아양 떨며 파고드는 햇살"과도 같은 "뿌리칠 수 없는 이 사기꾼의 蜜語들"을 내면화하기 위해 "울면서 노래"(「햇살 스튜디오」)해야 한다. 여기서 '사기꾼의 밀어'가 허황된 거짓말만을 의미하지 않음은 물론이다. 오히려 시인이라면 응당히 욕망하고 추구하는 절대 언어에의 의지를 뜻한다. 새 시집이 이전 어느 시집보다 정조의 슬픔과 능청스러움, 이미지의 추상성과 구체성, 리듬의 느림과 빠름 등이 강하고 교묘하게 엇물려 있다는 느낌도 이런 자아의 이중성과 현실 때문이겠다.

어느 날 보니 나는 멀리도 흘러왔겠지요 말똥구리 소똥구리 말똥을 굴리며 엎어지며 고꾸라지며 들판을 건너가고 불견 차들이 요란하게 흘러가는 거리를 지나가고 있겠지요 가뿐 숨을 내쉬다 검은 눈을 껌뻑거리다 이내 눈을 감겠지요 달리는 구급차 속에서 어딘가로 가기는 가는데 큰 강에 이르기도 전에 세상에 찔레 덤불 기억조차 없고 이따금 자잘한 꽃잎 떠내려오지만 아무것도 모르겠고 따끔따끔한 이것

무슨 일인지 알 수가 없고   ─「찔레 가시덤불」 부분

 이 시는 정황상 구급차에 실려 가는 '나'의 혼미한 의식을 다루고 있다. 새 시집에서 이런 자아의 실종 현상은 '너/당신'과의 이별과 결부되는 경우가 꽤 된다. 그런데 흥미롭게도 자아가 타자를 바라보거나 기억하려는 '눈'의 움직임은 뚜렷이 바라보는 '응시'가 아니라 무의지에 가까운 '껌벅임'이다. 그런 까닭에 '껌벅임'은 "느닷없이 너 마주친다 해도/그게 무엇인지 알아채지 못할 것 같"(「껌벅이다가」)은 제한적인 앎의 방법이 된다. 그러나 그것은 결국 "당신은 아무것도 모르고 모른 척하고 내가 당신의 가시에 오래 찔리고 있었다"는 사실, 다시 말해 주체와 타자의 열린 관계를 애틋하게 허락한다. 그런 가운데 시인은 '껌벅임'의 끝을 대체로 무언가에 대한 '알 수 없음'으로 마무리 짓지만, 그것이 세계와 존재의 부정성이나 그것들에 대한 이해의 어려움을 토로하기 위한 장치는 아니다.

    한겨울 속에 여름, 한여름 속에 겨울
    한 뿌리 속에 꽃과 잎

    (…)

    활짝 핀 다음에야 나도 진다

지기 위해 만개했었다

목적도 없는 왕
네 안의 눈보라 속에서
쉬었다가 다시 피어나고
죽었다가 다시 태어나고

첩첩의 꽃이라 하는 순간
끝, 종을 치는구나 　　　　　—「첩첩의 꽃」 부분

　'껌벅임'의 끝자락은 자아와 시간에 대한 '알 수 없음'이었다. 하지만 이것은 '모름'의 형식이 아니라 '온몸의 지움'에 가깝다. 「눈발 획획」에서도 그랬지만, 최정례가 포획하는 풍경들은 계절에 상관없이 "온몸을 잊으려고/이 세상 냄새를 잊으려고" "절벽 아래로 벚꽃 잎 아래로/흩날리"(「온몸을 잊으려고」)는 존재들로 가득 차 있다. 이런 '죽음'의 풍경들은 비극적 현실에 대한 부정과 항의만을 지시하지 않는다. 그보다는 「첩첩의 꽃」이 보여주듯이, 현존을 끊임없이 지움/죽임으로써 주체와 타자가 거듭나는 '순간'과 그에 따른 존재의 복합성을 영원화 하는 것이다. 그런데 시인은 "첩첩의 꽃이라 하는 순간/끝, 종을 치는구나"라고 말하고 있다. 맥락을 짚어본다면, 이것은 '꽃'(너)—'나'의 핌과 짐이 끝남을 의미하지는 않는 듯하다. 그보다는 서로를 비워내 서로를 채우는 '나'와 '너'의 행위를 '첩첩의 꽃'으로 규정함으로써 생겨나는 의미의 단일화, 즉 '온몸'의 갇힘/묶임을 거절하려는 목적이 강하지 않을까.

최정례 시의 최대 관심은 기억과 시간에 있다. 한국 시에서 두 요소는 대체로 말해 아직도 시골 안방에 걸린 매우 빛바랬으나 다정다감한 가족사진을 연상시키는 힘이나, 그런 사진 하나 없이 육체와 영혼에 가난을 걸치고 살아온 불행한 삶의 징표로 작용한 경우가 많았다. 1990년대가 넘어서야 비로소 기억과 시간은 온전한 개인의 몫으로 돌려졌고, 최정례를 비롯한 몇몇 여성 시인들은 이를 바탕 삼아 저들이 결코 작성할 수 없던 '작은', 그러나 '지울 수 없는' 존재론을 써냈다. 이런 작업에서 최정례는 기억과 시간을 단순히 과거의 현재화나 현재의 과거화와 같은 시간의 전이를 통해 특정한 기억과 사건, 풍경과 이미지 등을 채록하는 데 쓰지 않았다. 오히려 지금까지 보아왔듯이, 주체와 대상의 동시적 공존과 분열, 지움과 생성의 병립을 통해 '온몸이 지워진 그러나 꽉 찬' 세계에 닿으려는 의지를 담아왔다.

최정례는 새 시집에서 이를 위해 어느 시간이나 시점으로 규정할 수 없는 '순간'의 묘사에 의식적인 노력을 기울이는 듯하다. 우리의 힘으로는 어쩔 수 없는 대상의 **빠름**, 무게감 등과 연관된 용어들을 적절하게 골라 쓰는 일이 그것이다. 이를테면 '느닷없이' '깜박이는 순간에' '휘익 날리는' '빠르게 날아가버린' '솟구치며 날아갈 거야' '잠깐 깜박이며' 등이 쉽게 눈에 띈다. 이런 표현들은 대개 '나'와 '너', 또는 둘 사이의 관계의 파열을 드러낼 때 등장하곤 한다. 그러나 "네가 폭파시킨 나/내 속에 함께했던 너/내 몸속에 갇혔던/연기와 불꽃과 비명을"(「폭탄에 숨다」)에서 보듯이, 저 파열의 언어들은 '온몸'의 지움과 새로운 드러냄과 관계되어 있다.

하지만 새 시집은 이런 정열적 언어 뒤에 일상인이라면 누구나 겪었고 겪을 법한 남루한 일상의 기억과 '슬픔의 자루'(「슬픔의 자루」)도 적잖이 쌓아두고 있다. 전자는 자아의 유년기 기억의 표현에, 후자는 엄마나 오빠 같은 가족의 병이나 죽음에 대한 슬픔의 토로에 중심이 놓인다. 가족의 죽음과 병은 자신의 그것을 제외하고 겪는 가장 큰 존재의 상실과 훼손에 해당한다. 따라서 그에 따른 슬픔의 무게감을 굳이 헤아려 볼 필요는 없다. 그러나 그는 슬픔의 감정만을 전경화 하지 않는다. 그보다는 어릴 적 오빠가 잡아 지고 온 젖은 얼룩과 막대기로 남은 아이스케키가 담긴 자루를 기억해냄으로써 그의 현실적 죽음과 지속적 사랑을 동시에 간취한다. 이런 과거와 현실의 넘나듦과 가로지름을 통한 시적 정서의 생생한 부조는 자아의 경험에서도 거의 동일하게 나타난다.

TV에선 부자 미국이 피죽도 못 먹는 아프가니스탄에 무차별 폭탄을 퍼붓는데, 괴성을 지르며 달아나는 오토바이 보라고 콩을 까고 콩을 쌓고 구겨진 지전을 펴서 두는 노인은 꼭 그 아버지 같고

무너진 지붕 위로 고속도로가 뚫려도 여전히 옛집은 문고리가 손에 쩍 들러붙고, 그 문을 열고 또 열면 할머니들은 종지에 강낭콩을 쌓고 또 쌓고 창호지 문으로 무슨 짐승의 손인지 털 많은 손이 불쑥 ─「털 많은 손이 불쑥」 부분

여기서 과거와 현재를 접속하고 전위하는 매개는 '꿈'이다. 꿈은 한편으로는 허위이지만 다른 한편으로는 무한한 가능성 또는 희망이다. 꿈은 사건의 터무니없음과 억지스러움에서 서사적 논리를 배반하지만, 그것이 환기하는 현실과 자아의 경험이 그 진실성을 오히려 심화한다. 이를 통해서 시인은, 어디선가 이남호가 지적했듯이, "온갖 거짓과 위선과 악취를 감추고 흐르는 일상의 복개천을 흥분도 하지 않고 천연히 들여다보"는 동시에, "복개천처럼 발밑에 흐르고 있는 아픈 기억들과 외면 당한 욕망들도 환히 들여다본다."

그래서일까. 새 시집에서 시인은 자아의 기억이 분명한 현실임을 드러내는 한편, '털 많은 손' 같은 괴물이나 '덕구'(「화물 기차」)와 같은 모자란 아이의 삽입을 통해 이야

기의 성격을 더욱 강화하고 있다. 이런 기억과 현실, 허상의 병치와 결합을 통한 이야기성의 강화는 그러나 허구성의 강화를 의미하지 않는다. 시인에게 그것은 '나'와 '너'의 역설적 결합, 이를테면 "덕구 동생 은숙이 은숙이 옆에 나/사진 속에 나란히 서서" 살았고 또 살아가야 함을 의미한다. 꿈과 기억이 자아의 의식에 맞춰 일정하게 변형된 의식임은 잘 알려져 있다. 그렇다고 해서 우리는 그것들을 불합리하다고 말하지 않는다. 오히려 우리의 숨겨진 욕망이나 왜곡된 억압 등을 찾아내어 해석함으로써 자아의 정체성 유지와 보존에 도움을 받기도 한다. 그것들이 비록 "절걱거리는 화장실 쇳대"(「쇳대」)의 모습을 띠고 있다 해도. 그렇다면 우리는 "모란꽃이라고 우기면서 보려고 작약꽃을 심고 그 만화방창을 지나"는 우리의 위선과 허황됨이야말로 영원히 저 가난한 '쇳대'로 잠가 둘 삶의 불합리성이라고 말해도 되겠다.

그런 의미에서 자아가 초승달 밤에 과거의 어느 가족사진을 두고 벌이는 기억과 생성의 기대(「초승달, 밤배, 가족사진」)는 그 '만화방창'을 무색케 하기에 충분하다. 사진은 "앞에는 키 작은 아이들 뒤에는 두루마기를 입은 100년 전 사람들 단장을 짚고 안경을 쓰고/줄줄이 서 있던 일족의 흑백사진"을 담고 있을 만큼 근대 초입의 일상적 풍경을 담고 있다. 그러나 그 일상은 가난의 문화사로 점철되어 있었고, '흑백사진'은 과감히 말해 식민지로 '찍혔음'

을 의미했다.

>   그때 밀감도 아니고 오렌지도 아니고 신 살구 빛의
>   그것이 먹고 싶어
>   어미의 갈비뼈 밑으로 기어들어간 그 기억 때문일까
>
>   깜깜한 밤하늘 뚫고 신 살구 빛의 새초롬한 달
>   신 물 터져나오면 한쪽 눈이 찌그러지다 환해지는데
>
>   그 집 액자에서 다시는 내려오지 않고
>   밤배 탄 사람들
>   아직도 기린처럼
>   그 열매 끌어내려 터뜨려 먹으며 가고 있는지
>
>   잔뜩 구부리고 초승달 미끄러져 내린다
>   ─「초승달, 밤배, 가족 사진」부분

 하지만 최정례는 앞서 말한 통상적인 의미로 '흑백사진'을 읽지 않는다. 오히려 빛바랜 사진의 색채에서 "그 집 벽 위 액자에" 떠 있던 "먹어본 듯하나 아직 먹어보지 못한" "신 살구 빛의 새초롬한 달"을 떠올린다. 이런 상상력은 바로 100년도 전의 "남자가 입덧 중인 여자에게/열매를 까서 한 쪽씩 입에 넣어 주고/아기들에게도 쪼개

주"는 생성과 사랑의 풍경으로 재생된다. 그리고 자아 역시 '어미'로의 회귀를 떠올리며 "신 살구 빛의 그것"(달―인용자)을 먹고 싶어 한다.

사실 우리 시에서 달을 두고 풋살구를 먹고 싶어한 어미를 처음 등장시킨 이는 「자화상」의 서정주였다. 그러나 그것은 모친의 생성에 대한 예측보다는 가난한 가족사를 보여주기 위한 기억의 소산에 가깝다. 이와 달리 최정례는 그것의 변주인 '신 살구 빛 달'을 생성과 지속, 순환과 반복 같은 영원한 시간의 주관자로 표상하고 있다. '나'와 '사진 속 가족'은 초승달 빛을 통해 맺어지며, 둘의 생성 욕망 역시 그렇다. 이런 비현실의 현실은 "잔뜩 구부리고 초승달 미끄러져" 내리는 한 영원히 반복되고 지속될 현상이다. 그러면서 초승달은 시간의 영속성과 함께 기억 또는 과거의 현장성을 넉넉히 환기함으로써 여전히 그것들을 살아있는 현실로 불 지핀다.

이와 같은 사실은 이 시의 영원과 생성의 욕망이 단순히 여성성의 차원에서 읽힐 것이 아니란 사실을 암시한다. 물론 사진을 보며 상상하는 풍경이지만, 100년 전 입덧 중인 여자에게 그리고 아이들에게 열매를 까주는 남성의 이미지는 쉽사리 떠오르지 않는다. 우리는 저 시대에서 다정하게 "한 잎 배를 타고 칠흑의 밤을 노 저어 가던 그 집"보다는 귀족적 양반의 허상과 상놈의 무지가 판치는 야만의 땅을 먼저 환기한다. 이 자멸(自蔑)의 상상력이 문

명개화를 앞세운 이 땅의 계몽주의자들과 그 꿈을 식민지로 대치한 일제에 의해 더욱 심화되었다는 사실은 잘 알려져 있다. 이 시는 따라서 앞선 한국 시를 잇대고 있으면서도, "신 물 터져나오면 한쪽 눈이 찌그러지다 환해지는" '오해된 문화'의 진정성을 뒤집어 보여주는 것이다.

최정례는 "희망은 난폭해서/날마다 쫓기며 가보게 한다고" 적고 있다. 이 말은 채 현실화 되지 않은 미래의 이중성을 절묘하게 표상한다. 성취에 대한 기대와 좌절에 대한 불안이 그것이다. 그러나 이 둘은 극복의 관계라기보다는 "서로가 서로를 꽉 채우고 빈틈 하나 없이"(이상 「길에 누운 화살표」) 묶여 나아가게 하는 상보적 관계이다. 새 시집에서 시간의 주름이 자아와 세계의 표면만을 거칠게 현상하지 않고 그것들의 의외성과 복합성까지 파고들어 새로운 현실과 언어를 흘러넘치게 한 일은 그래서 가능했다.